Zauberspaß mit HARDY

mit Zaubergegenständen zum Selberbasteln

Autor

Hardy, der bürgerlich Erhard Smutny heißt, ist Zauberpädagoge und Weltmeister im Dauerzaubern. Millionen Kinder kennen ihn von seinen Zauberkästen „Hardys Kinder-Zauberspiele" seit fast 25 Jahren.
Mit seinen Zauberkünsten besucht er vorwiegend Kindergärten und Grundschulen und ist dort immer ein gerngesehener Gast.

Kontakt

Möchtest du Kontakt zu Hardy aufnehmen?
Dann schreibe an: Hardy, Postfach 101827, 86008 Augsburg oder schicke ihm eine E-Mail: zaubererhardy@t-online.de.

Widmung

Dieses Buch ist meiner Tochter Susanne, ihrem Mann Thomas und ihrem Sohn Simon gewidmet.

Projekt-Management: Monique Sorban
Satz und Layout: Heike Wenger
Fotos von Hardy: Oskar Bauer, Augsburg
Fotorechte: Hardy
Restliche Fotos: frechverlag GmbH, 70499 Stuttgart; Fotostudio Ullrich & Co., Renningen

Auflage: 5. 4. 3. 2. 1. | Letzte Zahlen
Jahr: 2006 2005 2004 2003 2002 | maßgebend

Druck: frechdruck GmbH, 70499 Stuttgart

ISBN 3-7724-3052-X · Best.-Nr. 3052

Lieber Zauberlehrling,

nun kannst du dir einen uralten Menschheitstraum erfüllen, nämlich mit tollen Kunststücken andere zu verzaubern!

Alles, was du zum Zaubern in diesem Buch brauchst, kannst du ganz leicht nachbasteln und die Vorführung habe ich für dich schon viele Male erprobt. Durch das Basteln der Zaubergegenstände kannst du deinen Zaubertricks eine ganz persönliche Note geben. Aber bedenke immer: Nicht nur auf das Was, sondern vor allem auf das Wie kommt es beim Zaubern an. So bereite deine Shows gut vor und gestalte sie lebendig. Tipps dafür gebe ich dir auf den folgenden Seiten und bei den einzelnen Zaubertricks.

Bei Fragen und Anregungen kannst du mir gerne schreiben oder mailen. Meine Adresse steht gleich links.

Nun wünsche ich dir viel Spaß beim Basteln und viel Freude bei der Vorführung!

Dein Zauberlehrer

Auf einen Blick

Alle Materialien und Geräte

Die hier aufgeführten Materialien und Geräte sowie einige weitere brauchst du für die verschiedenen Zaubergegenstände im Buch. Die genauen Materialangaben findest du beim jeweiligen Zaubertrick.

Material

- Tonkarton und Tonpapier
- Filzstifte, Buntstifte
- Klebstoff, z. B. UHU Flinke Flasche, UHU stick magic
- Pailletten oder Glitter glue
- Papprollen, z. B. von Toilettenpapier, Küchenrolle, Klarsichtfolie
- Plastikringe, z. B. Gardinenringe
- Holzperlen, Holzkugeln
- Streichholzschachteln
- Kordeln
- Pappe, dick
- Spielkarten
- Sicherheitsnadeln
- Tücher
- Münzen
- Hologrammfolie
- Transparentpapier
- Holzstäbe
- Trinkhalme
- Plastikei (Kinderüberraschung)
- Trinkbecher, gewachst
- Bastelfarben

Geräte

- Bleistift, hart und weich
- Radiergummi
- Lineal
- Schere, Messer, Cutter
- Zirkel, Kreisschneider
- Unterlage, z. B. Zeitungspapier
- Pinsel, Wasserglas
- Nadel, Faden

Manchmal ist ein Cutter einfach praktisch. Aber sei vorsichtig damit und verwende immer eine geeignete Schneideunterlage! Bitte besser deine Eltern, dir zu helfen. Keine Angst: Sie werden deine Zaubertricks vom kurzen Schauen auf die Gegenstände nicht enthüllen!

Das oberste Zauberergebot, gegen das du niemals verstoßen darfst: Verrate niemals einen Trick!

Übe, übe, übe
Das Sprichwort „Übung macht den Meister" gilt auch beim Zaubern. Bevor du einen Trick aufführst, musst du ihn gründlich üben. Am besten vor einem Spiegel, denn dann siehst du, wie du auf das Publikum wirkst.

Sei geheimnisvoll
Kündige nie an, was du vorführen willst. Die Zuschauer lassen sich leichter täuschen, wenn Sie nicht wissen, was sie erwartet. Zugleich ist die Überraschung größer.

Niemals zweimal
Merke dir: Führe einen Trick niemals zweimal vor dem gleichen Publikum auf. Du willst doch nicht, dass dein Geheimnis entdeckt wird, oder?

Immer ruhig bleiben
Auch wenn einmal etwas schief geht: Bewahre während deiner Vorstellung die Ruhe. Lass dich nicht aus der Fassung bringen.

Ganz vorne stehen
Setze dein Publikum niemals seitlich von dir oder hinter dich. Achte darauf, dass immer du vorne stehst.

Geheimnisse bewahren
Vor und während der Vorstellung dürfen die Zaubergeräte nicht von den Zuschauern angesehen werden. Es gibt immer wieder Neugierige, die die Dinge gern genauer betrachten möchten.

Keine halbe Sachen
Führe nur Tricks auf, die du einwandfrei beherrschst.

Immer die richtigen Worte
Beim Vorführen werden dir nicht immer die richtigen Worte einfallen. Deshalb überlege dir vorher, was du sagen willst. Am besten, du schreibst es dir auf. Benutze auch lustige Verse, deine eigenen oder meine.

So wird's gemacht

Dein Zylinder

1. Schneide einen ca. 20 cm breiten Pappstreifen aus Tonkarton aus und rolle ihn zu einer Röhre. Setze dir die Röhre auf den Kopf. Passt sie? Wenn nicht, lasse sie etwas aufspringen, halte die richtige Größe mit einer Büroklammer fest und verklebe sie dann.

2. Nun stellst du deine Röhre auf ein Stück Tonkarton und zeichnest einen Kreis darum herum. Um den Kreis zeichnest du noch einen Kreis, dieses Mal 1 cm größer. In diesen schneidest du viele Zacken (wie auf dem Foto) und faltest diese nach unten. Das ist der Hutdeckel.

3. Für die Krempe nimmst du am besten einen neuen Tonkartonbogen und zeichnest etwa in der Mitte wieder einen Kreis um die Röhre. In diesen Kreis zeichnest du einen ca. 1 cm kleineren, darum herum einen ca. 4 cm größeren Kreis. Schneide die Zylinderkrempe aus.

4. In den Innenrand der Krempe schneidest du nun viele Zacken. Falte sie alle nach oben.

5. Beide, Hutdeckel und Krempe, klebst du oben und unten an die Röhre. Mit einem Streifen Hologrammfolie oder Tonpapier kannst du den Hut verzieren.

Material

- 2 Bogen Tonkarton, 50 cm x 70 cm: schwarz
- Hologrammfolie, A4
- Klebstoff

Geräte

- Schere
- Bleistift
- Zirkel, Büroklammer
- Lineal

Material

- Holzstab, ø 1 cm, 24 cm lang
- Bastelfarbe: schwarz, weiß

Geräte

- Pinsel und Glas

Dein Zauberstab

Mit der Bastelfarbe verwandelst du einen einfachen Holzstab in einen Zauberstab. An den Enden malst du jeweils 2 cm weiß an, die Mitte bemalst du mit schwarzer Farbe.

Dein Zauberpult

Dieses Zauberpult hat eine doppelte Funktion: Es ist der Tisch, an dem du deine Vorführungen machst, und du kannst darin deine Zaubergegenstände aufbewahren.

Klappe die Deckelteile des Kartons nach innen um, erst die langen Seiten, dann die kurzen. So ist dein Pult stabil. Nun schneide zwei Schlitze in die langen Seiten. Das geht gut mit einem Cutter, am besten bittest du deine Eltern dir zu helfen. Durch die Schlitze schiebst du ein Kartonstück als Einlegebrett. Es muss länger sein, als das Zauberpult breit ist. Knicke das Kartonstück außen auf einer Seite nach oben, auf der anderen nach unten und klebe es mit breitem Klebeband fest. Lege ein großes Stofftuch über dein Pult und verziere es, wenn du magst, mit Sternen und Monden aus Hologrammfolie. Schon ist dein Pult fertig.

Material

- Pappkarton, groß
- Kartonstück, groß
- Stofftuch, groß
- Hologrammfolie
- Klebeband, breit

Geräte

- Schere oder Cutter

Die geheimnisvolle Wanderung einer Münze

… ein Klassiker …

Effekt

Auf dem Tisch stehen zwei Gläser mit der Öffnung nach unten. Über beide stülpst du eine Papierröhre. Unter eines der Gläser legst du eine Münze. Sobald du das andere Glas mit der Papierröhre hochhebst, ist die Münze dort angekommen. Um die Wanderung zu beweisen, hebst du die Papierröhre des ersten Glases hoch. Die Münze ist weg. Du bedeckst das Glas noch einmal mit der Röhre und das Spiel beginnt von vorn. Diesmal in umgekehrter Reihenfolge.

Vorbereitung

Lege einen Streifen schwarzes Tonpapier um jedes Glas und klebe ihn zu einer Röhre zusammen. Mache die Röhren nicht zu eng, damit du sie später problemlos über die Gläser stülpen und wieder abnehmen kannst. Für die Unterlage klebst du einen Bogen rotes Tonpapier auf Pappe, so ist sie stabiler. Mit Hologrammfolie kannst du die Unterlage und die Röhren verzieren. Dafür paust du die Ornamente (Seite 10) auf Transparentpapier ab und überträgst sie (siehe Seite 14) oder schneidest eigene Formen aus. Aus dem zweiten roten Bogen schneidest du zwei runde Scheiben in Größe der Glas- oder Plastikbecheröffnung. Klebe sie sorgfältig auf die Öffnung der beiden Gefäße. Achte darauf, dass kein Rand übersteht.

Auf die Unterlage legst du eine Münze und stellst ein Glas darauf. Die Münze ist nun nicht mehr zu sehen, weil die aufgeklebte Scheibe sie verdeckt und diese vollkommen mit der gleichfarbigen Unterlage verschwimmt. Neben dieses Glas stellst du die Röhre. Das zweite Glas steht auch auf der Unterlage und die dazugehörige Röhre daneben. Die zweite Münze liegt sichtbar auf der Unterlage. Nun bist du fertig für die Vorführung.

Material

- 2 gleiche Münzen
- 2 Gläser oder Plastikbecher, durchsichtig
- Tonpapier, A4: schwarz, 2 x rot
- Hologrammfolie, A4
- Pappe, A4
- Klebstoff
- Transparentpapier

Geräte

- Lineal
- Schere
- Bleistift

Die geheimnisvolle Wanderung einer Münze

... erst ist die Münze da ...

... dann ist sie dort ...

... und nun? ...

Die geheimnisvolle Wanderung einer Münze

Vorführung

Vor dir steht der vorbereitete Zaubertrick. (Abb. 1)

Stülpe die Röhren über beide Gläser. (Abb. 2)

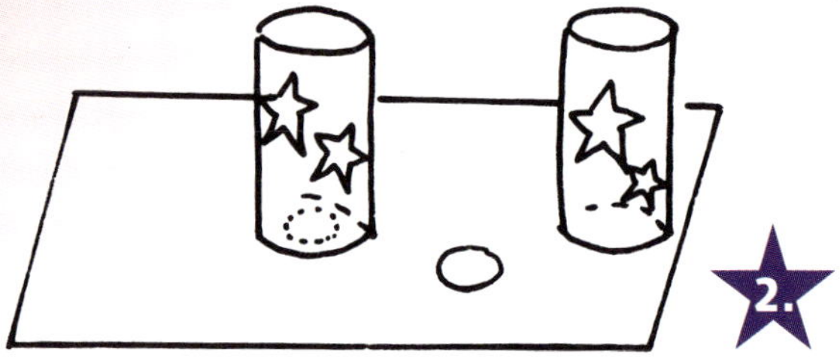

Hebe das zweite Glas mit der Röhre hoch und schiebe die sichtbare Münze darunter. Jetzt liegt unter jedem Glas eine Münze. Der Zuschauer weiß aber nur von einer. (Abb. 3)

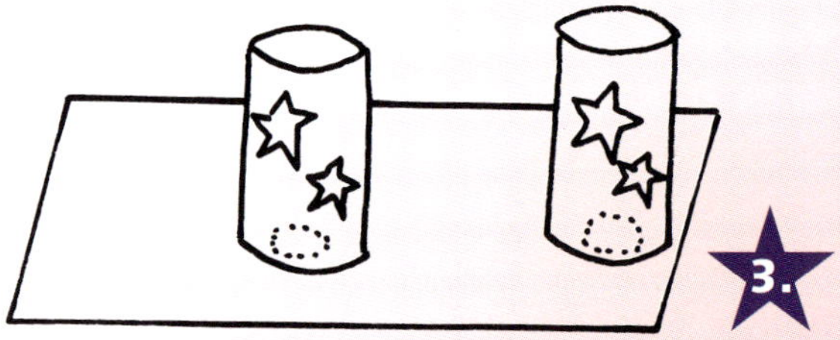

Nun nimmst du das erste Glas mit der Röhre hoch. Die Münze ist bereits angekommen. (Abb. 4)

Als Beweis, dass die Münze wirklich gewandert ist, hebst du von dem anderen Glas nur die Röhre hoch. Hier ist die Münze verschwunden. (Abb. 5) Du kannst die Vorführung sofort wiederholen, nur beginnst du diesmal mit dem anderen Glas.

Mondzauber

… täuscht die Augen …

Effekt

Zwei Monde und ein kleines Hardy-Gedicht verblüffen deine Zuschauer.

HARDY

Schaut die beiden Monde richtig an
und staunt, was man damit machen kann.
Der rote ist der Große, wie ihr seht!
Doch wenn beide hinter meinem Rücken
entschwinden euren Blicken,
dann ist es plötzlich schon gescheh´n,
der gelbe ist nun größer,
könnt ihr´s seh´n?

... seht, der rote ist größer ...

... oder doch der gelbe? ...

Mondzauber

Vorbereitung

Pause den Mond mit einem weichen Bleistift von der Vorlage ab. Lege das Transparentpapier gewendet auf den gelben Tonkarton und zeichne alle Linien mit einem harten Bleistift noch einmal nach. Schon ist der Mond übertragen. Genauso machst du es mit dem zweiten Mond aus rotem Papier. Ziehe dann alle Bleistiftlinien mit einem schwarzen Filzstift nach und bemale auch die Rückseiten. Dazu hältst du den Mond mit der bemalten Seite an ein Fenster. Du siehst nun Mund und Auge durch und kannst sie durchzeichnen.

Material

- Tonkarton, A4: gelb, rot
- Filzstift: schwarz
- Transparentpapier

Geräte

- Bleistift, weich und hart
- Radiergummi
- Schere

1.

Vorführung

Halte je einen Mond in einer Hand und zeige beide nahe beisammen.
Frage deine Zuschauer: „Welcher Mond ist größer?" Die Zuschauer werden antworten: „Der gelbe!" (Abb. 1)

Nun lasse die beiden Monde untergehen. Dafür halte die Monde für einen Augenblick hinter deinen Rücken und lasse sie spiegelbildlich wieder aufgehen. Wieder fragst du: „Welcher Mond ist jetzt größer?" Alle werden behaupten: „Wieder der gelbe!" (Abb. 2)

2.

3.

Nochmals lässt du die Monde untergehen. Jetzt vertauschst du aber beide so, dass der rote vorn ist. Die Zuschauer werden auf deine Frage nach dem größeren Mond plötzlich meinen, dass der rote größer sei. (Abb. 3)

Bei einem erneuten Monduntergang tauschst du die Monde wieder um. Wieder ist der gelbe Mond scheinbar größer. (Abb. 4)

Dieses Fragespiel kannst du einige Male wiederholen. Die Zuschauer werden schließlich denken, die Monde seien auf der Vorderseite gelb und auf der Rückseite rot. Zeige ihnen, dass sie auf beiden Seiten die gleiche Farbe haben. Zum Abschluss lege die beiden Monde aufeinander und alle werden erstaunt sein, dass sie in Wirklichkeit gleich groß sind. (Abb. 5)

4.

5.

Tipp
Du kannst den Mondzauber auch mit dem kleinen Hardy-Gedicht beginnen.

Perlentrick

… einfach genial …

Effekt
Auf den Tisch legst du drei Sicherheitsnadeln, auf denen je eine andersfarbige Perle steckt. Nun drehst du dich um und lässt dir eine der Sicherheitsnadeln in deine auf dem Rücken gehaltenen Hände geben. Die anderen beiden Nadeln entfernt der Zuschauer. Ohne die Hände vom Rücken zu nehmen, drehst du dich wieder um, und ohne die Nadel mit der Perle gesehen zu haben, kannst du sofort sagen, welche Farbe die Perle auf der Nadel hat.

… du siehst nichts …

Material
- 3 gleiche Sicherheitsnadeln
- 3 Perlen in verschiedenen Farben

Geräte
- Feile oder Sandpapier
- Zange

Vorbereitung
Das Geheimnis liegt in den Sicherheitsnadeln – diese sind vorbereitet. Die Nadel mit der roten Perle kannst du öffnen und die Spitze ist normal scharf. Auch die Nadel mit der grünen Perle kannst du öffnen, hier hast du die Spitze aber abgefeilt. Die letzte Nadel kannst du nicht öffnen. Dafür drückst du das Köpfchen der geschlossenen Nadel mit einer Zange etwas zusammen.

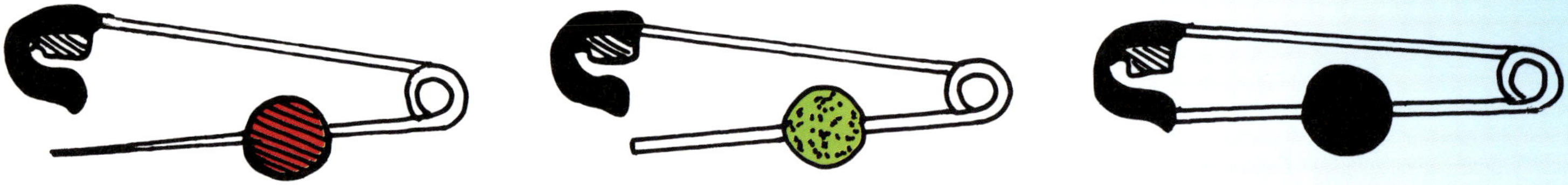

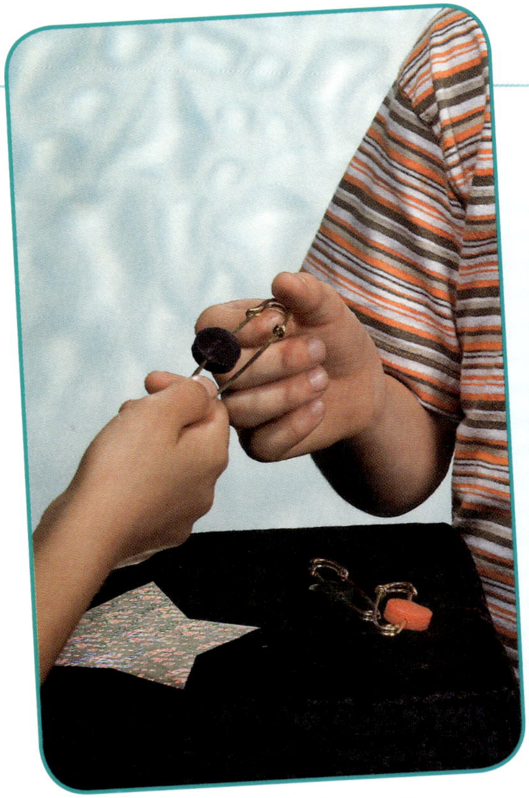

... und sollst doch sagen ...

Vorführung

Während du die Sicherheitsnadel hinter deinem Rücken untersuchst, kannst du genau feststellen, um welche Perlenfarbe es sich handelt.

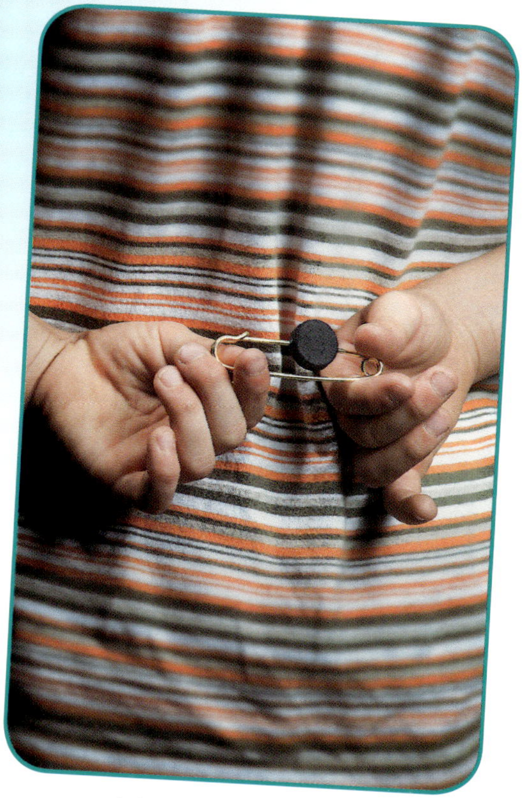

... welche Farbe die Kugel hat ...

Tipp

Du kannst auch drei naturfarbene Holzperlen mit Bastelfarbe und Pinsel bemalen. Stecke sie dafür auf einen spitzen Stift, dann bleiben deine Finger sauber und du kannst die aufgespießten Perlen zum Trocknen einfach in ein Glas stellen.

Die steigende Röhre

… wie durch Geisterhand …

HARDY

Effekt
Mit der Röhre und einem kleinen Hardy-Gedicht wirst du deine Zuschauer verzaubern!

Zwei Dinge sind es nur,
eine Röhre, eine Schnur.
Beim Dagegenblasen, wie ihr seht,
die Röhre leicht nach oben
schwebt.
Dies alles geht natürlich nur
mit meiner Röhre und der Schnur.

Material
- Pappröhre, z. B. von Alu- oder Klarsichtfolie
- Tonpapier, A5: schwarz
- Holzkugel, klein und groß
- Schlüsselring, klein
- Kordel, ca. 50 cm und ca. 25 cm lang: schwarz
- Hologrammfolie
- Klebstoff
- Transparentpapier

Geräte
- Schere
- Handbohrer, klein
- Bleistift

Vorbereitung
Kürze deine Pappröhre auf ca. 21 cm. Bohre oder steche an einer Seite der Röhre ca. 1 cm vom Rand entfernt ein kleines Loch ein. Hierdurch ziehst du ca. 1,5 cm der langen Kordel. Ziehe die einzelnen Fäden der Kordel etwas auseinander und klebe sie an der Außenseite der Pappröhre fest. (Abb. 1)
Nun beklebst du die Röhre mit Tonpapier und Hologrammfolie-Verzierungen.

1.

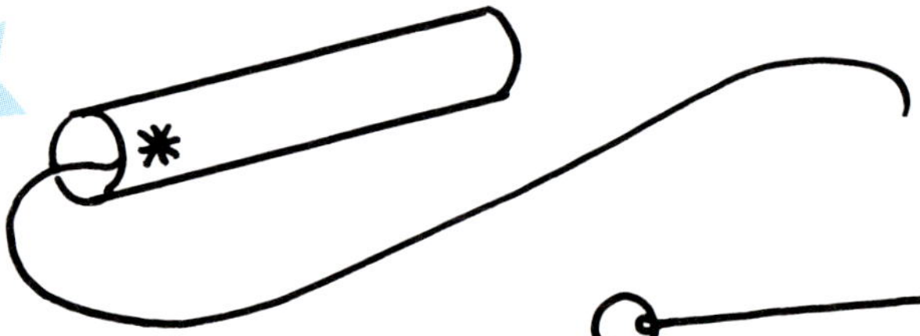

2.

Die zweite Kordel knotest du auf einer Seite an den kleinen Ring, auf der anderen Seite knotest du die kleine Holzperle fest. (Abb. 2)

Die steigende Röhre

3.

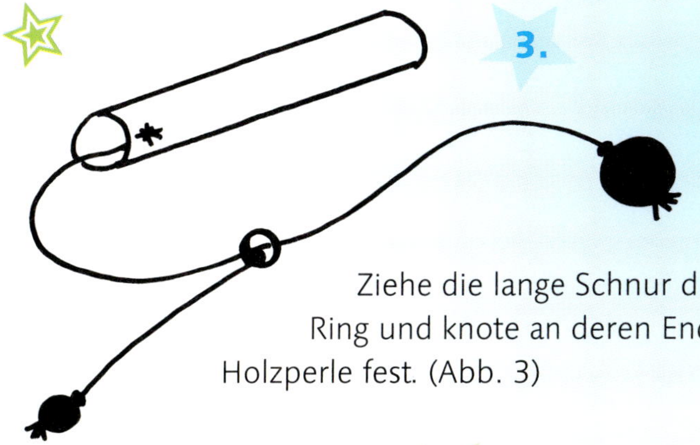

Ziehe die lange Schnur durch den Ring und knote an deren Ende die große Holzperle fest. (Abb. 3)

4.

Fasse nun die kurze Schnur an der kleinen Kugel und stecke sie durch die Röhre. (Abb. 4)

5.

Beide Schnüre müssen jetzt gleich weit aus der Röhre herausragen. (Abb. 5)

... die Röhre steigt und steigt ...

Vorführung

Lege die Röhre auf den Tisch und ziehe einmal an der rechten, einmal an der linken Schnur, um zu zeigen, dass sie hin- und hergezogen werden kann.
Ziehe die Schnur mit der kleinen Kugel so weit heraus, bis die größere Kugel an die Röhre anstößt. Fasse mit der rechten Hand das Ende der Röhre und die große Kugel. Ergreife mit der anderen Hand die kleine Kugel, spanne die Schnur und ziehe gleichmäßig an beiden Enden. Die Röhre steigt nach oben. Diesen Vorgang kannst du mehrmals wiederholen. Dazu kannst du das kleine Gedicht aufsagen.

Farbschnüre

HARDY

… überraschendes Farbspiel …

Effekt

Zwischen zwei Stäbchen sind eine grüne und eine rote Schnur gespannt. Wie du damit zauberst, sagt dir folgendes Hardy-Gedicht.

Die Stäbchen und die Schnüre hier,
das alles, ja das sehen wir.
Doch passt auf, jetzt kommt der Trick,
merkt gut, wo Rot und Grün noch liegt.

Das eine Stäbchen fährt im Nu
auf das andere hinzu.
Seht und staunt, die Farben sind verkehrt,
Rot wurde Grün und umgekehrt.
Fährt das Stäbchen öfters nieder,
wechselt stets die Farbe wieder.

Material

- Kordel, ca. 60 cm lang: rot, grün
- Hologrammfolie, Rest
- 6 Korken
- Bastelfarbe: gold
- Draht
- 3 Plastikrohre, ø 1 cm, ca. 8 cm lang

Geräte

- Schere
- Pinsel und Glas
- Säge
- Bohrer
- Spannbock
- Messer
- Bleistift

Vorbereitung

Säge die Plastikrohre zu. Bitte deine Eltern, dir die Löcher (ø 5 mm) hineinzubohren. Eine Röhre hat vier Löcher, die anderen beiden je zwei Löcher. Bemale die Röhre nun mit goldener Bastelfarbe und beklebe sie mit vielen Hologrammfolie-Sternen. Lege die Röhren wie auf dem Bild zueinander. (Abb. 1)

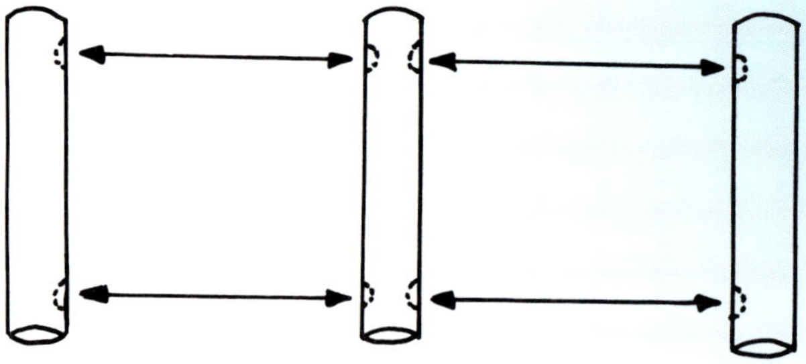

1.

Knüpfe in jeweils ein Kordelende einen Knoten. Mit einer Drahtschlaufe fädelst du nun die Kordeln durch die Röhren. (Abb. 2)

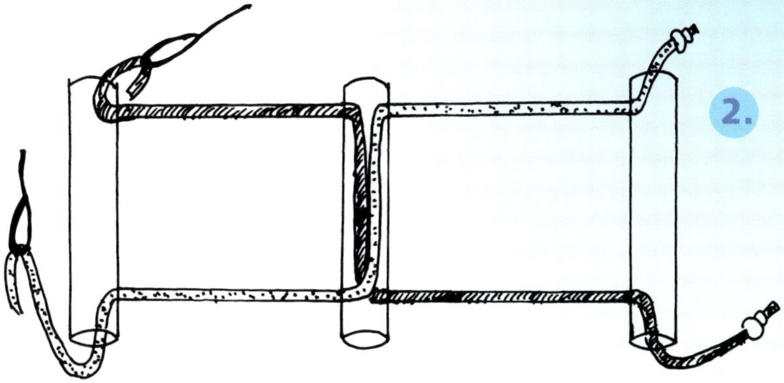

2.

Nachdem du beide Kordeln eingezogen hast, ziehst du die beiden äußeren Röhren bei gespannter Schnur ca. 45 cm auseinander. Bei dieser Länge verknotest du die freien Enden. Nun kannst du die offenen Röhrenseiten mit zurechtgeschnittenen Korken verschließen. Überprüfe aber zuerst, ob beide Kordeln auch wirklich auf gleicher Länge verknotet sind. (Abb. 3)

3.

... eben noch grün, nun rot ...

Vorführung

Die Vorführung ist ganz einfach: Du nimmst oben das zweite Stäbchen und fährst wie im Gedicht beschrieben auf das untere zu. Schon haben die Farben gewechselt. Nun drehst du deinen Zaubergegenstand um, so dass wieder beide Röhren oben sind. Und schon kannst du neu beginnen.

Akustische Illusion

… täuscht die Sinne …

Material
- Glocke, klein
- Sicherheitsnadel
- Hutgummischnur, ca. 50 cm

Geräte
- Zange, klein
- Schere

Effekt

Auf deiner linken Handfläche steht eine kleine Glocke. Du läutest mehrmals damit und übergibst sie gleich darauf einem Zuschauer mit der Bitte, das gleiche zu tun. Beim Zuschauer gibt die Glocke aber keinen Ton von sich.

Vorbereitung

Hänge den Klöppel der Glocke aus und biege die Öse des Klöppels wieder zu. In die Öse knüpfst du ein Ende der Hutgummischnur. An das andere Ende der Gummischnur kommt die Sicherheitsnadel. (Abb. 1)

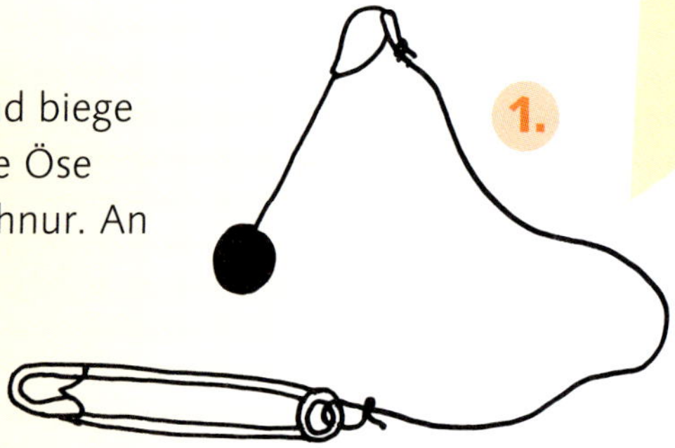

1.

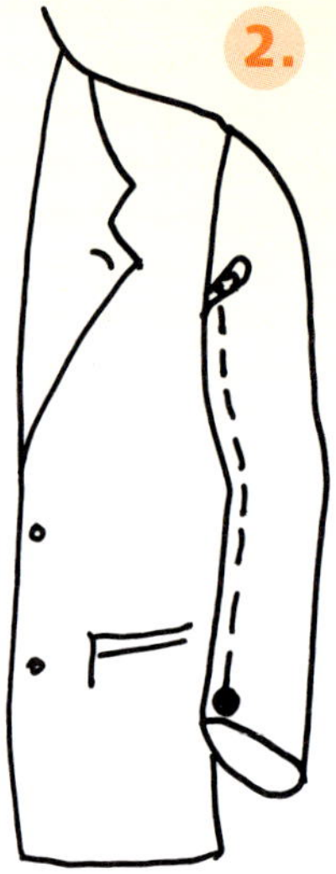

2.

Diese befestigst du an der Innenseite des linken Armloches deines Pullis oder deiner Jacke und führst die Schnur durch den Ärmel. Sie darf nur so lang sein, dass der Klöppel vom Ärmel noch ganz verdeckt wird. (Abb. 2)

Den Klöppel ziehst du aus dem Ärmel heraus und klemmst ihn zwischen Mittel- und Ringfinger. (Abb. 3)

3.

Die Gummischnur läuft unten über den Handrücken in den Ärmel und ist dabei gespannt. Über den Klöppel stülpst du die Glocke. (Abb. 4)

4.

Akustische Illusion

... klingeling ...

Vorführung

Du zeigst dem Publikum die linke Hand mit der Glocke und läutest zweimal oder öfter. Dabei musst du darauf achten, dass der Klöppel zwischen den Fingern festgeklemmt bleibt und senkrecht steht, wenn du anschlägst.

Nach dem letzten Läuten lockerst du den Druck zwischen den Fingern, und der Klöppel schnellt in den Ärmel. Du stellst die Glocke auf den Tisch und bittest einen Zuschauer, selbst damit zu läuten. Es wird ihm nicht gelingen, da der Klöppel fehlt.

... da staunst du, was ...

Tipp

Am besten ist es, wenn du bei diesem Trick einen Pulli ohne Bündchen trägst, dann kann der Glockenklöppel ungehindert im Ärmel verschwinden.

Die Zauberhütchen

… nichts kann schief gehen …

Effekt

Du stellst drei Hütchen auf den Tisch, davor liegen drei Chips: Ein roter, ein blauer, ein grüner. Die Zuschauer dürfen die Chips vertauschen und dann mit je einem Hütchen bedecken. Du drehst ihnen dabei den Rücken zu. Trotzdem kannst du anschließend sofort sagen, unter welchem Hütchen sich welcher Chip befindet.

Material

- Tonkarton, A5: weinrot, flieder, rot, blau, grün
- Pappe, A5
- Hologrammfolie, Rest
- Klebefilm, doppelseitig
- Klebstoff
- 3 Fünf-Cent-Münzen
- 2 Haare, unterschiedlich lang
- Transparentpapier

Geräte

- Bleistift, weich und hart
- Schere

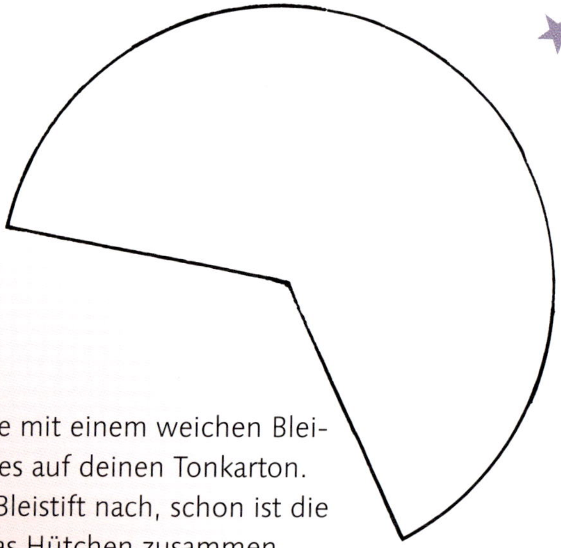

Vorbereitung

Bastle dir zuerst drei Hütchen. Dazu paust du die Vorlage mit einem weichen Bleistift auf Transparentpapier ab, wendest dieses und legst es auf deinen Tonkarton. Jetzt zeichnest du alle Linien mit einem spitzen, harten Bleistift nach, schon ist die Vorlage übertragen. Schneide die Form aus und klebe das Hütchen zusammen. Dann stellst du eine Unterlage her, wie auf Seite 8 beschrieben. Für die Chips schneidest du sechs Kreise zu, zwei von jeder Farbe. Als Schablone verwendest du eine Fünf-Cent-Münze. Dann klebst du die zusammengehörigen Farben oben und unten auf die Münze. Das geht gut mit doppelseitigem Klebefilm. Vergiss nicht, zwei Münzen zu markieren: bei einer klebst du zwischen Münzunterseite und Papier ein kurzes, bei einer anderen ein etwas längeres Haar. Der dritte Chip wird nicht vorbereitet. Für die Vorführung musst du dir einprägen, wie du die einzelnen Chips markiert hast.

Vorführung

Lasse die Zuschauer wie im Effekt beschrieben die Hütchen vertauschen und suche dann nach deinen Markierungen. So kann nichts schief gehen.

... hab ich´s doch gewusst ...

Kugelbefreiung

… nur du kannst es …

Effekt
Zwei Kugeln an einer Schnur sind so in eine Karte eingefädelt, dass es aussieht, als könnten sie nicht befreit werden. Doch dir gelingt es ganz schnell.

Material
- 2 Holzkugeln mit Loch, ø ca. 2,5 cm: rot
- Schnur, 30 cm lang: weiß
- Schnellhefterrückseite: blau
- Hologrammfolie, Rest
- Transparentpapier

Geräte
- Schere
- Nagelschere
- Cutter mit Schneideunterlage
- Bleistift

1.

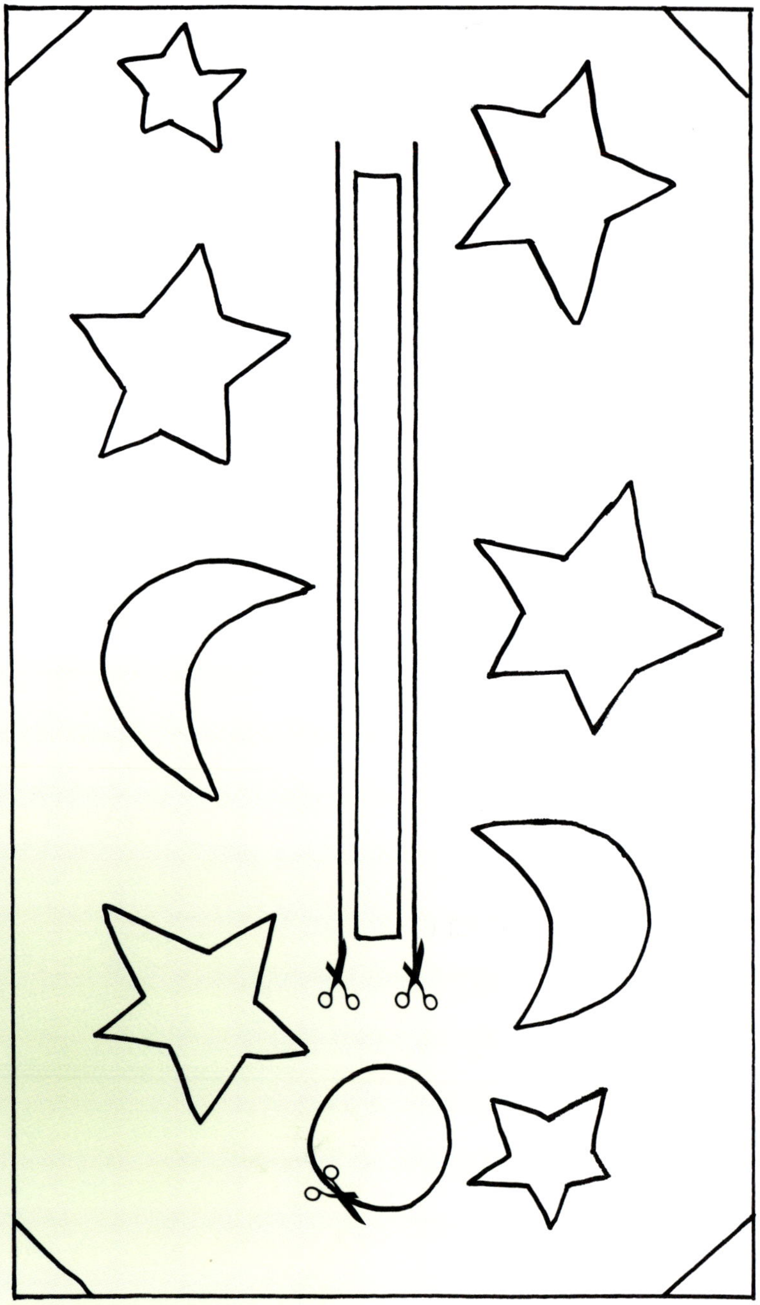

Vorbereitung
In die Mitte der mit Hologramm-Motiven verzierten Plastikkarte machst du zwei parallele Schnitte. Das geht gut mit einem Cutter oder einem spitzen Küchenmesser auf einer Schneideunterlage, dabei solltest du dir aber von deinen Eltern helfen lassen. Unterhalb der Schlitze schneidest du mit einer Nagelschere einen Kreis aus, der kleiner als deine Kugel ist. (Abb. 1)
Knote nun an beide Enden der Schnur eine Kugel. Dann biegst du die Plastikkarte zusammen und schiebst den Streifen durch das Loch. Jetzt kannst du die Kugeln durch die unten herausragende Schlaufe stecken. (Abb. 2)

... die Kugel ist gefangen ...

... aber du kannst sie befreien ...

Vorführung

Du kennst den Trick bereits: So wie du die Kugeln durch den Schlitz der Karte gesteckt hast, kannst du sie auch wieder befreien. Lass es zuerst deine Zuschauer probieren, denn wer das Geheimnis nicht kennt, vermag die Kugeln nicht zu befreien.

Gewusst wie

… du kannst Gedanken erraten …

Effekt

Du hast sechs Zahlenkärtchen mit den Zahlen bis 63. Zu einem Zuschauer sagst du: „Suche aus den sechs Zahlenkarten die Karten heraus, auf denen dein Alter steht!" Sofort kannst du ihm sein Alter sagen. Als Nächstes lasse ihn alle Karten heraussuchen, auf denen seine Schuhgröße steht. Ein Blick darauf und du nennst ihm die richtige Schuhgröße. Ebenso geht es mit dem Geburtstag und Geburtsmonat.

Vorbereitung

Kopiere dir die Zahlenkarten aus dem Buch oder male dir eigene Karten. Bemale die Kärtchen oder beklebe Sie mit Sternen und Monden.

Vorführung

Zeige einem Zuschauer die Zahlenkärtchen und bitte ihn, sich alle herauszusuchen, auf denen sein Alter steht. Zählst du nun die erste Zahl jeder Karte zusammen, ergibt die Summe das Alter. Ebenso machst du es mit der Schuhgröße, dem Geburtstag oder dem Geburtsmonat. Auch andere Daten lassen sich auf die gleiche Weise bestimmen. Einfach die jeweils ersten Zahlen addieren – aber so, dass es keiner merkt!

Material
- Tonkarton, Rest: verschiedene Farben
- Hologrammfolie oder Sternchenpailletten
- Ggf. Klebstoff

Geräte
- Schere
- Bleistift

… mmh, lass mich nachdenken …

… du hast an die 6 gedacht …

1	3	5	7	9	11	13	15
17	19	21	23	25	27	29	31
33	35	37	39	41	43	45	47
49	51	53	55	57	59	61	63

32	33	34	35	36	37	38	39
40	41	42	43	44	45	46	47
48	49	50	51	52	53	54	55
56	57	58	59	60	61	62	63

2	3	6	7	10	11	14	15
18	19	22	23	26	27	30	31
34	35	38	39	42	43	46	47
50	51	54	55	58	59	62	63

8	9	10	11	12	13	14	15
24	25	26	27	28	29	30	31
40	41	42	43	44	45	46	47
56	57	58	59	60	61	62	63

16	17	18	19	20	21	22	23
24	25	26	27	28	29	30	31
48	49	50	51	52	53	54	55
56	57	58	59	60	61	62	63

4	5	6	7	12	13	14	15
20	21	22	23	28	29	30	31
36	37	38	39	44	45	46	47
52	53	54	55	60	61	62	63

Ringbefreiung

… nur dir gelingt es …

Effekt

Nur drei Dinge brauchst du bei diesem Zaubertrick. Drei Dinge und Hardy´s-Zauberspruch.

Mit dem, was ihr jetzt vor euch seht,
ein geheimnisvoller Trick entsteht.
Drei Dinge sind es nur,
ein Ring, ein Klötzchen, eine Schnur.
Unmöglich scheint es wohl zu sein,
den Ring vom Seile zu befrei´n.
Um es noch schwieriger zu gestalten,
darfst du die Enden des Seiles halten.
Unter diesem Tüchlein wird das Kunststück
gleich beschert,
nun könnt ihr´s seh´n,
der Ring ist frei und unversehrt.

Material

- Kordel, ø 3 mm, 40 cm lang und 7 cm lang: schwarz
- Holzkugel mit Loch, ø ca. 5 cm
- Tuch, 30 cm x 30 cm: rot
- Gardinenring: rot
- Hologrammfolie, Rest
- Bastelfarbe: blau

Geräte

- Schere
- Pinsel und Glas
- Zackenschere
- Bleistift

Vorbereitung

Schneide den Rand des Tuches mit einer Zackenschere nach und bemale die Kugel mit der blauen Farbe. Stecke sie dazu auf einen Stift, so bleiben deine Hände sauber. Die Kugel kannst du mit Monden und Sternen aus Hologrammfolie bekleben. Dann legst du die lange Kordel doppelt und fädelst sie durch die Kugelöffnung. (Abb. 1)

1.

Nun hängst du die kurze Kordel in den Ring ein. (Abb. 2)

2.

Biege die beiden Enden der kurzen Kordel nach oben und hänge hier die lange Kordel ein. Nun ziehst du die Kordel in die Kugelöffnung. Es darf nicht zu sehen sein, dass eigentlich zwei Schnüre den Ring halten, und die Schnurverbindung muss stramm im Loch sitzen. (Abb. 3)

3.

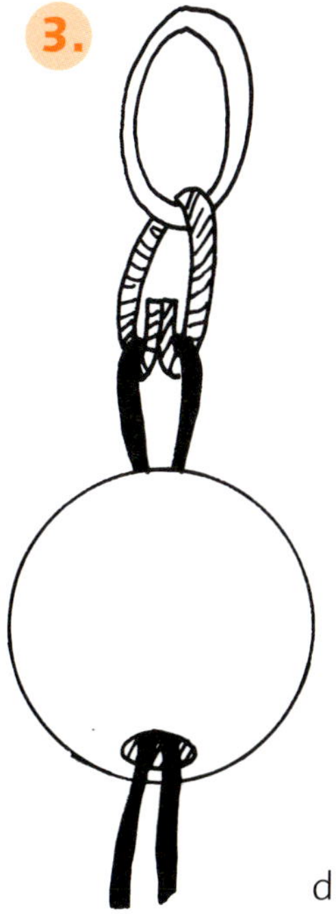

… alle ziehen …

… aber nur du kannst den Ring befreien …

Vorführung

So vorbereitet zeigst du die Dinge und überreichst je ein Seilende einem Zuschauer zum Halten. Dann deckst du den Ring und die Kugel mit einem Tüchlein ab. Mit der linken Hand erfasst du unter dem Tuch die Holzkugel und ziehst mit der rechten Hand das Seil am Ring aus der Kugel heraus. Das kurze Seilstück verbirgst du in einer Hand und nimmst mit dieser gleichzeitig das Tüchlein weg. Der Zuschauer sieht nun den losen Ring und das durch die Kugel gefädelte Seil. Zum Ablauf dieses Kunststückes passen die Zeilen des Verses.

Die Zaubertüte

… Dinge verschwinden …

HARDY

Effekt

Mit deiner selbst gebastelten Zaubertüte kannst du Dinge verschwinden und auch wieder erscheinen lassen. Den Effekt verrät dir das Hardy-Gedicht.

Eine Karte und die beiden Ringe hier,
leg´ ich in die Tüte aus Papier.
Dreh´ ich diese jetzt nach unten,
alle Dinge sind verschwunden.
Will zurück ich alle Sachen,
brauch´ ich keinen Umweg machen.
Ich schütt´ den Inhalt einfach aus,
und alles fällt sofort heraus.

Material

- Tonpapier, A4: lila
- Tonkarton, Rest: blau, rosa
- Spielkarte, klein
- Hologrammfolie, Rest

Geräte

- Schere
- Bleistift

Vorbereitung

Aus bunten Tonkartonresten schneidest du dir zwei kleine Ringe aus. Dann faltest du aus dem lila Tonpapier die Zaubertüte.

Lege das Papier quer und falte es in der Mitte. Den Knick streichst du mit dem Fingernagel fest nach. Breite nun das Blatt wieder aus. (Abb. 1)

Die linke obere Ecke schlägst du bis zur Mitte des Blattes ein. Den Knick fährst du wieder mit dem Fingernagel nach. (Abb. 2)

Das gleiche machst du mit der rechten unteren Ecke. (Abb. 3)

Nun schlägst du die linke untere Ecke bis zur Mittellinie ein. Vergiss nicht, den Knick wieder mit dem Fingernagel nachzufahren. (Abb. 4)

Ebenso machst du es mit der rechten oberen Ecke. (Abb. 5)

Die gefalteten Teile schlägst du von der Seite her zusammen und die Form der Tüte ist fertig. Damit die Tüte zusammenbleibt, steckst du einen eingeschlagenen, inneren Flügel in den anderen. (Abb. 6)
Nun kannst du die Tüte mit selbst ausgeschnittenen Hologrammfolien-Sternen bekleben.

Die Zaubertüte

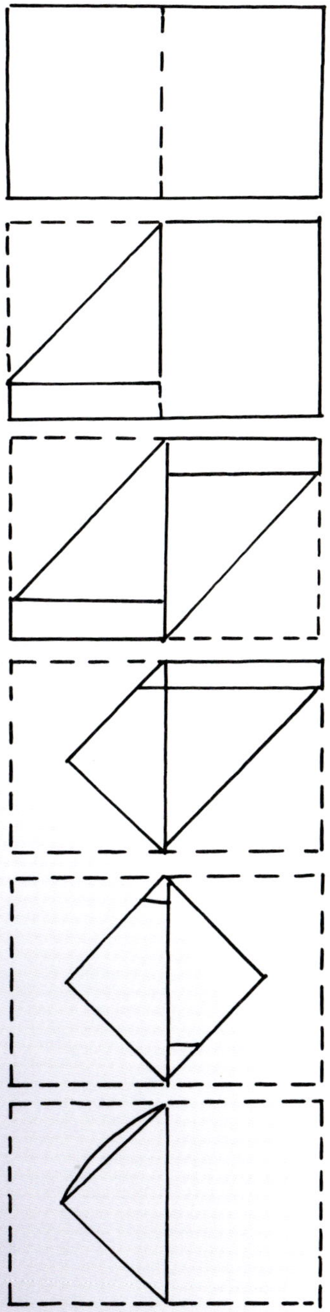

1.

2.

3.

4.

5.

6.

Vorführung

Zeige die Papiertüte leer vor und achte darauf, dass die zweite Öffnung der Tüte zu dir gerichtet ist. Du legst nun einen Ring, die Karte und dann den anderen Ring in die Tüte. Jetzt fasst du die Tüte mit der anderen Hand von oben und schüttelst sie einige Male. Die zweite Öffnung ist dabei nach oben gerichtet. Du kannst die Tüte jetzt mit der Öffnung nach unten halten, nichts wird herausfallen. Um alles wieder erscheinen zu lassen, verfährst du in umgekehrter Reihenfolge. Wenn du die Tüte jetzt mit der Öffnung nach unten hältst, fallen die Ringe und die Karte heraus.

... alles weg ...

... und wieder da ...

Das unsichtbare Huhn

… was für ein Gegacker …

Effekt

Ein Zylinder steht vor dir auf dem Tisch. Du nimmst mit beiden Händen ein schwarzes Tuch auf. Dieses drehst du so, dass es die Zuschauer von beiden Seiten sehen können. Dann faltest du das Tuch einmal in der Mitte, fasst es mit je einer Hand an den beiden Ecken, schüttelst es ein wenig und schon kullert ein Ei, von einem unsichtbaren Huhn gelegt, in den Zylinder. Die Menge der zu legenden Eier kannst du selbst bestimmen.

Material

- Zylinder mit schwarzem Futter
- Baumwolltuch, 40 cm x 40 cm: schwarz
- Faden, ca. 30 cm lang: schwarz
- Plastikei (Kinderüberraschung)

Geräte

- Nadel, dick und dünn
- Schere

Vorbereitung

An der Mitte des oberen Tuchrandes befestigst du den schwarzen Faden. An das freie Ende des Fadens hängst du das Plastikei. Steche zuvor mit einer dicken Nadel ein Loch in eine Seite, hier kannst du den Faden durchziehen und verknoten. (Abb. 1)

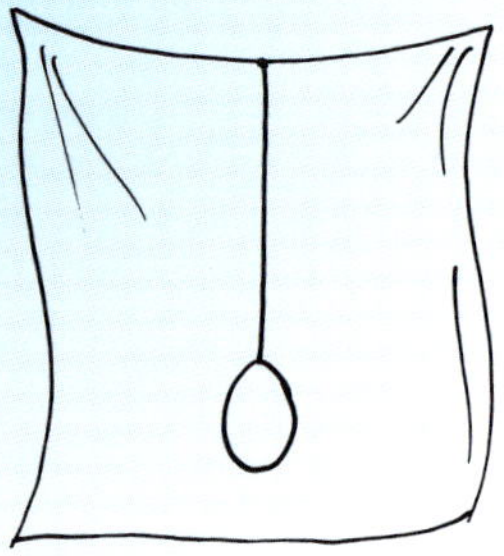
1.

Vorführung

Für die Zuschauer unsichtbar liegt das Ei im Zylinder. Das Tuch hängt über dem Zylinderrand. Im Zylinder ergreifst du das Ei und gleichzeitig eine Ecke des Tuches, ziehst dieses heraus und erfasst mit der freien Hand die andere Ecke. Du zeigst den Zuschauern das Tuch. (Abb. 2)

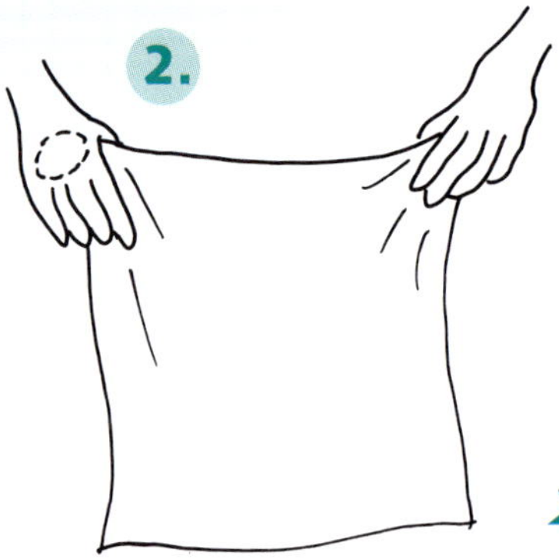
2.

Drehe das Tuch auch einmal so, dass die Rückseite zu sehen ist. Lege das Tuch nun zur Hälfte zusammen und lasse das Ei los. Es fällt für die Zuschauer unsichtbar in das Tuch. Nun brauchst du das Tuch nur leicht schräg zu halten und schon kullert das Ei in den Zylinder. (Abb. 3)

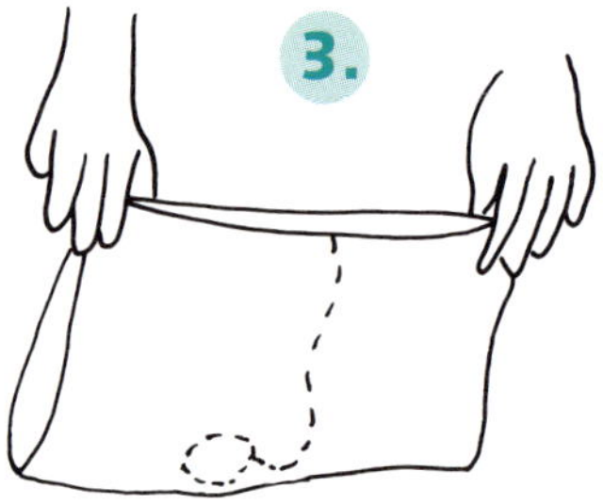
3.

Das unsichtbare Huhn

... ein einfaches Tuch ...

Anschließend legst du das Tuch ausgebreitet über den Zylinder, ergreifst die beiden Zipfel, zwischen denen der Faden befestigt ist, und hebst das Tuch wieder hoch. Das Ei wird dadurch aus dem Zylinder gezogen und hängt hinter dem Tuch. Jetzt faltest du das Tuch wieder und schon kannst du ein neues Ei erscheinen lassen. Um das unsichtbare Legen der Eier noch wirksamer zu machen, gackerst du dazu wie ein Huhn. Das wirkt sehr lustig.

... das Eier legt ...

Der vorausgesagte Knoten

… du kannst Gedanken lesen …

Effekt

Zeige drei Briefumschläge vor, aus denen je ein andersfarbiges Seidentuch herausragt. Du erklärst, dass nur eines dieser Tücher einen Knoten hat und du voraussehen kannst, dass der Zuschauer dieses Tuch wählen wird. Drei Karten, in den Farben der Seidentücher, übergibst du dem Zuschauer. Dieser wählt eine Farbe aus. Sofort ziehst du dieses Tuch aus dem Briefumschlag – es hat einen Knoten. Die beiden anderen Tücher werden ebenfalls aus den Umschlägen gezogen – ohne Knoten.

Material

- 3 Briefumschläge, A5
- 3 Seidentücher, ca. 30 cm x 30 cm: rot, gelb, blau
- Tonpapier und -karton, A5: rot, gelb, blau
- Klebstoff
- Hologrammfolie, Rest
- Transparentpapier

Geräte

- Schere
- Bleistift

1.

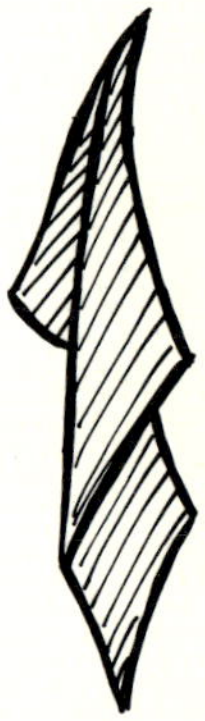

Vorbereitung

Schneide drei Karten (13 cm x 9 cm) in Blau, Gelb und Rot aus Tonkarton aus und beklebe sie mit Hologrammfolie. Mit Tonpapier beklebst du die Briefumschläge. Lege jedes Seidentuch zusammen. (Abb. 1)

2.

In jedes Seidentuch musst du einen Schiebeknoten knüpfen. Du ziehst die Knoten so weit fest, dass keine offene Schlaufe mehr zu sehen ist. (Abb. 2)

3.

Jetzt steckst du die Tücher in die Briefumschläge und lässt jeweils einen Zipfel des Tuches aus dem Umschlag herausschauen. Achte darauf, dass der gegenüberliegende Zipfel jedes Seidentuches bis in die linke untere Ecke des Umschlages reicht. (Abb. 3)

Der vorausgesagte Knoten

... ich weiß, woran du denkst ...

Vorführung

Du erklärst den Zuschauern, dass du die Fähigkeit besitzt, eine Vorhersage zu machen, und übergibst dabei einem Zuschauer die drei farbigen Karten mit der Bitte, eine davon auszuwählen. Die ausgesuchte Karte darf der Zuschauer dem Publikum zeigen. Währenddessen nimmst du die Briefumschläge und hältst sie fächerförmig, so dass jeweils die linken unteren Ecken übereinander liegen. Du drückst mit Daumen und Zeigefinger diese Ecken fest zusammen. Die herausragenden Tücher zeigen zu den Zuschauern. Jetzt erklärst du, dass nur eines dieser Tücher einen Knoten hat, und zwar das, welches farblich zu der gewählten Karte passt. Du ziehst dieses Tuch aus dem Umschlag, dabei lockerst du den Griff und das Tuch erscheint mit Knoten. Beim Herausziehen der anderen beiden Tücher drückst du die unteren Ecken fest zusammen, dadurch lösen sich beim Ziehen die Knoten der Tücher im Briefumschlag und die Tücher erscheinen ohne Knoten.

Tipp

Du kannst auch weiße Seidentücher mit Seidenmalfarbe bunt einfärben.

... siehst du ...

… du weißt, wohin die Reise geht …

Zu den Gestirnen sollst du reisen,
deine Fahrt hab´ ich bereits vorausbestimmt,
ich will es dir beweisen.
Steige ein in den Ballon
und fliege rasch nach deinem Ziel davon.

Effekt

Drei Karten liegen vor den Zuschauern auf dem Tisch: eine Mond-, eine Sternen- und eine Sonnenkarte; außerdem sind auf dem Tisch eine Ballonkarte und der Zauberstab. Du nimmst die Ballonkarte in die Hand und fragst einen Zuschauer, zu welchem Gestirn er mit dem Ballon fliegen möchte.
Hat der Zuschauer z. B. die Mondkarte gewählt, legst du die Ballonkarte darauf und sprichst das Hardy-Gedicht weiter:

Wie ich seh´, bist du zum Mond gefahren,
dies war bekannt bereits vor vielen Jahren
und als Beweis dafür
zeig´ ich es schriftlich dir!

Dann zeigst du ihm die schriftliche Voraussage in der Ballonkarte: „Sie werden zum Mond fahren."

Vorbereitung

Beklebe drei Spielkarten mit schwarzem Tonpapier und den Sternen, dem Mond sowie der Sonne. Auf die Rückseite der Sternenkarte schreibst du: „Sie werden zu den Sternen fahren."

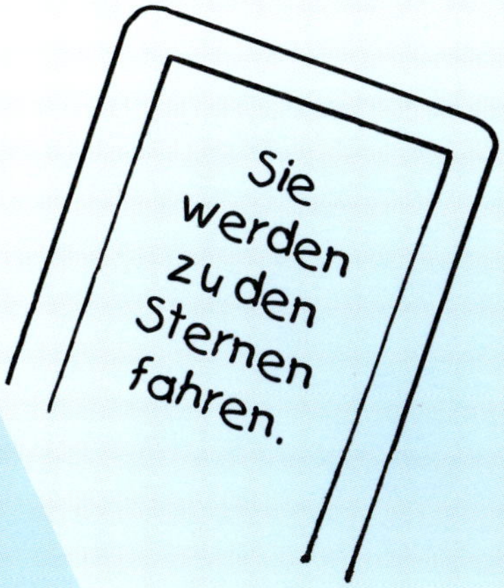

Material

- 5 Spielkarten
- Tonpapier, A4: schwarz
- Tonkarton, Rest: schwarz
- Goldpapier (Schokokuss-Schachtel)
- Papier: weiß
- Filzstift: schwarz
- Klebstoff
- Transparentpapier

Geräte

- Schere
- Bleistift

... du wirst zu den Sternen fahren ...

Ballonfahrt

In die Spielkarte für die Ballonkarte schneidest du unten eine kleine Rundung ein und klebst dann schwarzen Tonkarton auf das Kartenblatt. Dabei wird die Rundung verdeckt, aber du musst eine kleine Tasche lassen (siehe Abbildung), in die du einen Zettel einstecken kannst. Darauf steht: „Sie werden zum Mond fahren." Durch die eingeschnittene Rundung kannst du den Zettel leicht wieder herausziehen.
Nun bastelst du dir einen Zauberstab aus Tonkarton und weißem Papier. Auf die Rückseite schreibst du: „Sie werden zur Sonne fahren." Jetzt bist du fertig für die Vorführung.

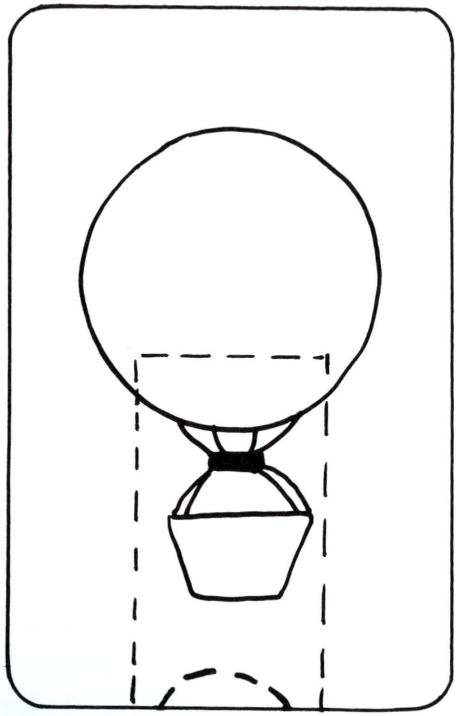

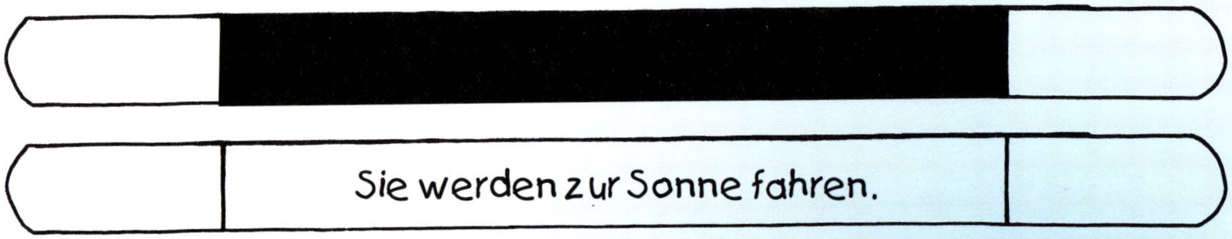

Vorführung

Lege die Gestirnekarten mit der Bildseite nach oben auf den Tisch: Links Mond, dann Sterne, rechts Sonne. Etwas abseits liegen die Ballonkarte und der Zauberstab. Zeige nun dem Publikum die Ballonkarte und frage einen Zuschauer, zu welchem der drei Gestirne er reisen möchte. Sprich dabei dein Gedicht bis „... und fliege rasch nach deinem Ziel davon". Zugleich deutest du mit der Karte den Flug durch die Luft an.

Nun legst du die Ballonkarte auf das ausgewählte Gestirn, z. B. den Mond. Jetzt sprichst du dein Gedicht zu Ende. Anschließend ziehst du unten aus der Ballonkarte den Zettel mit der schriftlichen Vorhersage und zeigst sie dem Zuschauer.
Wurde die Sonne gewählt – im Gedicht ersetzt du Sonne für Mond –, nimmst du den Zauberstab, kreist mehrmals damit um die Sonnen- und Ballonkarte herum und zeigst anschließend den Zauberstab von der Rückseite.

Darauf steht die Vorhersage.
Möchte der Zuschauer zu den Sternen reisen – ersetze im Gedicht Mond durch Sterne –, hebst du die Ballonkarte von der Sternenkarte ab und drehst die Sternenkarte um. Auf ihrer Rückseite ist deine Vorhersage zu lesen.
Für den Zuschauer wird es ein Rätsel bleiben, wie du sein Ziel erraten konntest.

Der verschwundene Knoten

… einfach, aber verblüffend …

Effekt

Das Hardy-Gedicht verrät dir, wie der Trick funktioniert.

HARDY

Eine Hülse, eine Schnur,
diese Dinge brauch´ ich nur.
Ich will euch zeigen, was geschieht,
wenn die Schnur die Hüls´ umgibt.
Der Knoten, den ich jetzt noch mache,
wird bald zur zauberhaften Sache.
Ganz langsam, wie ihr jetzt entdeckt,
werden Schnur und Knoten hier
hineingesteckt.
Heraus ragen nur die Enden unserer
Zauberschnur.
Wird die Schnur nun gradgezogen,
und die Hülse hin- und hergeschoben,
ist der Knoten weggeflogen!
Warum? Vielleicht zu heftig an der Schnur
gezogen!

… das Päckchen ist eingeschnürt …

Vorbereitung

Schneide dir einen 5,3 cm x 9,8 cm großen Streifen Tonkarton zu und umklebe damit die Streichholzschachtel. Nun kannst du sie mit ausgeschnittenen Sternen oder Aufklebern verzieren.

Material

- Hülse einer Streichholzschachtel
- Schnur, ca. 1 m lang
- Tonpapier, Rest: blau
- Hologrammfolie, Rest

Geräte

- Schere
- Klebstoff
- Bleistift

Der verschwundene Knoten

Vorführung
Die Schnur legst du um die Hülse der Streichholzschachtel und schlägst das untere Schnurende nach rechts. (Abb. 1)

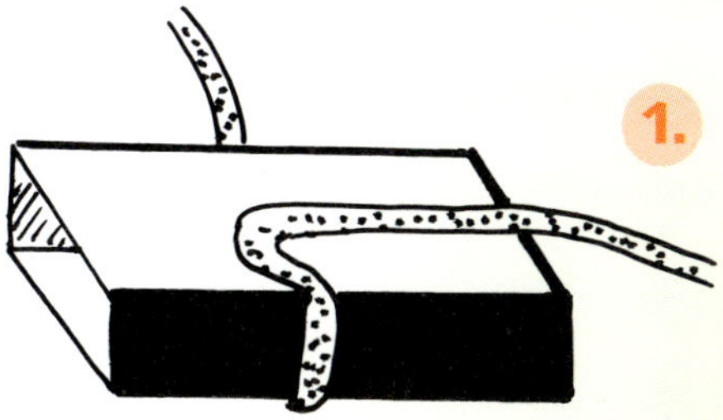

1.

… aber ich kenne den Trick …

… willst du auch? …

Das obere Schnurende schlägst du von oben nach unten unter das untere nach links hindurch. (Abb. 2)

2.

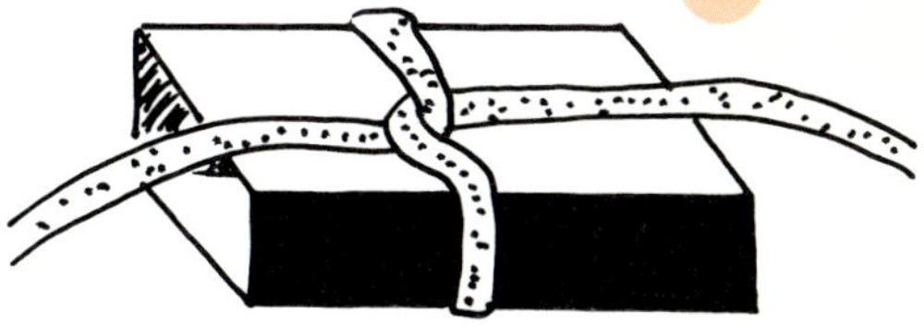

Jetzt hast du eine Verschnürung wie bei einem Paket. Das nach links stehende Schnurende fädelst du durch die Hülse der Schachtel. Den Knoten schiebst du auch nach links, drückst ihn lose zusammen und steckst ihn ebenfalls in die Hülse. Zwei Zuschauer halten nun die Enden der Schnur fest. Die Hülse schiebst du einige Male hin und her, schon ist der Knoten verschwunden. (Abb. 3)

3.

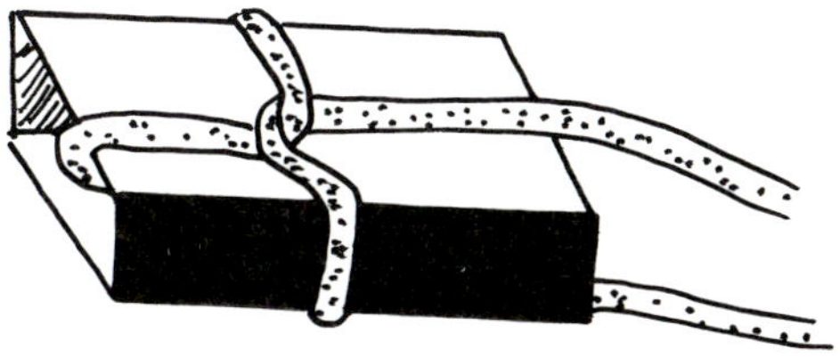

Der eingeknotete Ring

… das ist ganz einfach …

Effekt

Den Zuschauern zeigst du eine Pappplatte. Unter dieser hängt ein Ring, welcher in ein Seil eingeknotet ist. Übergib die Platte mit dem eingeknoteten Ring einem Zuschauer und bitte ihn, den Knoten zu lösen, so dass sich der Ring frei auf dem Seil hin- und herschieben lässt. Es wird dem Zuschauer nicht gelingen.

Material

- Pappe, ca. 5 mm dick, A5
- Plastikring (Gardinenring)
- Kordel, ø ca. 1 cm, ca. 25 cm lang: gelb
- 2 Holzkugeln mit Loch, ø 3 cm
- Bastelfarbe: schwarz
- Transparentpapier

Geräte

- Kreisschneider oder Nagelschere
- Pinsel und Glas
- Schere
- Bleistift

Vorbereitung

Bastle dir die Pappscheibe. Wie du sie abpaust, steht auf Seite 14. Mit schwarzer Bastelfarbe kannst du sie anmalen. Nun fädelst du den Ring auf die Schnur und verknotest ihn. (Abb. 1) Jedes Ende der Schnur führst du durch je ein Loch der Pappscheibe und fädelst die Kugeln auf. Entweder klebst du die Schnur in die Kugeln oder machst einen Knoten, so dass die Kugeln darauf halten (siehe Foto).

Der eingeknotete Ring

... der Ring sitzt fest im Knoten ...

Vorführung

Lasse einen Zuschauer versuchen, den Ring aus dem Knoten zu lösen. Nachdem es ihm nicht gelingt, übernimmst du das Ganze. Kehre dem Zuschauer für einen Augenblick den Rücken zu und lockere die Schlinge so weit, dass du sie durch das Loch auf der linken Seite stecken kannst. Du schiebst die Schlinge über die Perle nach außen auf die Ecke zu und ziehst das Seil unten wieder heraus. Der Knoten ist verschwunden und der Ring hängt frei auf dem Seil.

Um den Ring für die nächste Vorführung wieder einzuknoten, nimmst du die rechte Schnurseite, steckst eine Schlaufe außerhalb der Perle durch das Loch und schiebst die Schlinge nach innen, auf die Mitte zu, über die Perle.

1.

... aber du kannst ihn befreien ...

Strohhalme vermehren sich

… ein riesiger Spaß …

… seht her, fünf Strohhalme …

Effekt

Du hältst Strohhalme in der Hand und zählst sie vor: eins, zwei, drei, vier, fünf. Dann nimmst du einen weg, stellst ihn in ein Glas, dann noch einen. Die Halme in deiner Hand zählst du wieder: eins, zwei, drei, vier, fünf. Nochmals gibst du einen, dann noch einen in das Glas. Erneut zählst du deine Halme in der Hand: eins, zwei, drei, vier, fünf. Wieder sind es fünf Halme. Aufs Neue wandert ein Halm in das Glas, doch die Halmanzahl in deiner Hand verringert sich trotzdem nicht. Du zählst noch einmal: eins, zwei, drei, vier, fünf. Immer noch sind es fünf Halme.

Material

- Glas
- 10 Strohhalme

Geräte

- Schere

Vorbereitung

Fünf Strohhalme schlitzt du mit der Schere der Länge nach auf. (Abb. 1) Jeden aufgeschlitzten Halm drückst du etwas zusammen und schiebst ihn so weit in einen ganzen Halm, dass er unten noch 1 cm herausschaut. Oben schneidest du den äußeren Halm so ab, dass er mit dem inneren gleich lang ist. Du erhältst also fünf Halme. (Abb. 2)

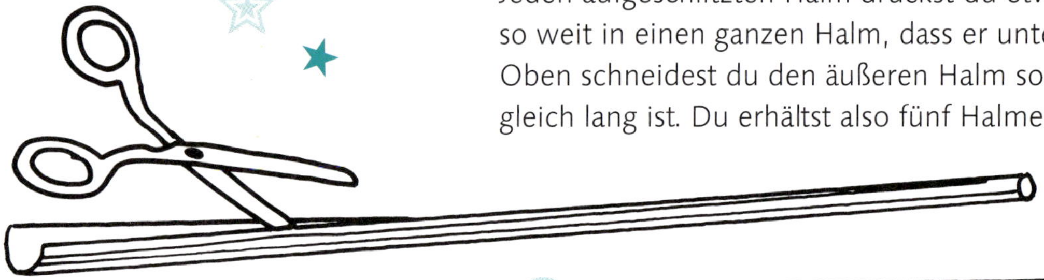

1.

2.

Strohhalme vermehren sich

Vorführung

Du nimmst das Bündel Strohhalme aus dem Glas in deine rechte Hand und zählst sie in die andere. Für den Zuschauer dürfen selbstverständlich nur fünf Halme zu sehen sein. Stelle nun einen in das Glas und dann noch einen. Dabei ziehst du aus dem Bündel zwei geschlitzte Halme nach unten heraus. Diese kommen in das Glas. Du zählst nach: eins, zwei, drei, vier, fünf. Du hast also trotzdem fünf Halme in der Hand und die Vorführung geht weiter. Wieder ziehst du zwei geschlitzte Halme ab und gibst sie in das Glas. Zähle nach und wiederhole dasselbe noch einmal mit dem letzten eingesteckten Halm. Zu dem ganzen Ablauf kannst du folgende Geschichte erzählen:

„Ich sah einmal einen Zauberer, der zeigte einen Trick und zählte: eins, zwei, drei, vier, fünf Strohhalme und stellte einen in ein Glas, dann noch einen. Und er zählte immer noch eins, zwei, drei, vier, fünf Strohhalme. Ich konnte mir nicht erklären, wie er das machte, wenn er eins, zwei, drei, vier, fünf Strohhalme zählte, dann zwei davon in ein Glas gab und immer noch eins, zwei, drei, vier, fünf Strohhalme hatte. Ich fragte ihn nach der Lösung. Er sagte, das ist ganz einfach, man muss nur zählen – eins, zwei, drei, vier, fünf Strohhalme, wieder wandert einer in das Glas und er habe noch immer – eins, zwei, drei, vier, fünf Strohhalme.

Daheim probierte ich das gleiche aus, zählte meine Strohhalme genau – eins, zwei, drei, vier, fünf, gab zwei davon in das Glas und dann hatte ich eins, zwei, drei Halme. Ach wie ärgerlich, jetzt kann ich das Kunststück gar nicht vorführen".

... Wahnsinn, jetzt sind's zehn ...

Der unversehrte Becher

… ein beindruckender Trick …

HARDY

Wasser schütt´ ich in den Becher rein,
man sagt dazu auch Gänsewein.
Den Hut hier nehm´ ich als Schrank
und stell´ hinein den klaren Trank.
Diese Tüte kommt als nächstes dran,
mit der ich richtig zaubern kann.
Der Becher wird hineingesteckt,
ist nicht mehr sichtbar, ganz verdeckt.
Ein leiser Spruch, ein lauter Schlag,
wo ist denn nun der Becher, sag?
Kann denn das die Wahrheit sein?
Im Hut, da steht er wieder
mit dem Gänsewein.

Material

- 2 Pappbecher, gewachst
- Zylinder
- Papiertüte
- Wasserkrug, gefüllt
- Bastelfarbe: lila, blau

Geräte

- Schere und Nagelschere
- Pinsel und Glas

Effekt

Auf dem Zaubertisch stehen ein Hut und ein Pappbecher. Die Vorführung dieses Kunststückes kannst du mit einem Hardy-Vers begleiten.

Vorbereitung

Bemale die Pappbecher mit wasserfester Farbe. Du kannst auch bereits bedruckte Becher verwenden. Bei beiden Pappbechern schneidest du den oberen Rand ab, bei einem entfernst du außerdem den Boden. Das geht gut mit einer Nagelschere, sei damit aber vorsichtig. Stecke diesen Becher in den anderen. Falls der vorbereitete Becher über den anderen Becherrand hinausschaut, schneidest du einen schmalen Streifen ab.

Der unversehrte Becher

... Wasser kommt in den Becher ...

... simsalabim ...

... nichts passiert ...

Vorführung

In die ineinander geschobenen Pappbecher auf dem Tisch gießt du Wasser. Weil der Becher scheinbar zu voll ist, schüttest du ein wenig Wasser aus. So sehen auch deine Zuschauer, dass der Becher gefüllt ist. (Abb. 1)
Vorsichtig stellst du die Becher – nur einer ist sichtbar – jetzt so in einen Hut, dass nichts überschwappt. Den Hut hast du vorher prüfen lassen. Dann holst du den Becher – aber nur den inneren ohne Boden – heraus. (Abb. 2)
Stelle ihn ganz vorsichtig in eine Tüte und halte ihn so, dass kein Zuschauer die Öffnung unten sehen kann. Einige Male pustest du in die Tüte, kreist mit der Hand darüber, sagst einen Zauberspruch, knüllst die Tüte mit dem Becher darin plötzlich ganz fest zusammen und steckst alles in die Tasche. (Abb. 3)
Nun machst du eine magische Bewegung über dem Hut – du kannst dazu auch einen Zauberstab verwenden – und nimmst den unversehrten, gefüllten Becher wieder aus dem Hut heraus.

Kartenzauber

… überliste dein Publikum …

Effekt

Dem Zuschauer zeigst du zwei Karten, eine rote und eine blaue. Beide wirfst du in einen leeren Hut. Die rote Karte nimmst du wieder heraus und steckst sie in die Jackentasche. Sage dazu einen Zauberspruch. Schon haben die beiden Karten ihren Platz gewechselt. Aus der Jackentasche ziehst du die blaue Karte heraus und aus dem Hut die rote. Beide Karten kannst du zum Untersuchen herzeigen.

Material

- Tonkarton, Rest: rot, blau
- Duo-Tonkarton, Rest: rot, blau
- Transparentpapier

Geräte

- Schere
- Bleistift

Vorbereitung

Schneide dir die Karten aus den verschiedenen Tonkartonarten zu. Eine Vorlage für die Kartenform findest du auf Seite 55 oder du verwendest eine Spielkarte. Wenn du keinen Duo-Tonkarton hast, kannst du auch Spielkarten oder zugeschnittene Pappkarten mit roter und blauer Klebefolie bekleben.

Vorführung

Stecke die blaue Karte vorher heimlich in die Jackentasche. Die beidseitig rote Karte und die rot-blaue Karte liegen auf dem Tisch. Bei der Doppelfarbkarte schaut die blaue Seite nach oben. Nimm beide Karten vom Tisch, fächere sie auf und erkläre dem Zuschauer, dass du eine rote und eine blaue Karte hast. Zur Unterstützung drehst du die beidseitig rote Karte um, damit er sieht, dass sie auf der Rückseite auch rot ist. Der Zuschauer glaubt natürlich, dass die andere Karte ebenfalls beidseitig blau ist. Beide Karten legst du in den Hut, die doppelfarbige nimmst du, mit der roten Seite sichtbar, wieder heraus und steckst sie in die Jackentasche. Vorsicht, nicht die blaue Rückseite sehen lassen! Sage einen Zauberspruch und hole aus dem Hut die rote und aus der Tasche die beidseitig blaue Karte heraus. Die doppelfarbige Karte bleibt in der Tasche. Die Karten haben auf geheimnisvolle Weise ihre Plätze gewechselt. Zeige den leeren Hut und die Karten von beiden Seiten. Du kannst sie auch untersuchen lassen.

Tipp
Der Trick funktioniert besonders gut, wenn du viel mit deinem Publikum redest. Es darf keine Zeit haben, über das Geschehen nachzudenken.

... rot und blau, ganz einfach ...

Die stoppende Streichholzschachtel

… wider die Schwerkraft …

Effekt

Eine Streichholzschachtel gleitet auf einer Kordel hin und her. Auf das Kommando „Stop" bleibt sie an beliebiger Stelle stehen und auf das Kommando „Go" setzt sie ihre Bewegung fort.

… ich kann die Schachtel anhalten …

Material

- Streichholzschachtel
- Kordel, ø 3 mm, ca. 1 m lang: schwarz
- 2 Perlen, ø 1 cm: rot
- Rundholzstäbchen, ø 5 mm, ca. 3,5 cm lang
- Klebstoff
- Tonpapier, A5: schwarz
- Sterne-Aufkleber

Geräte

- Schere
- Bleistift

Die stoppende Streichholzschachtel

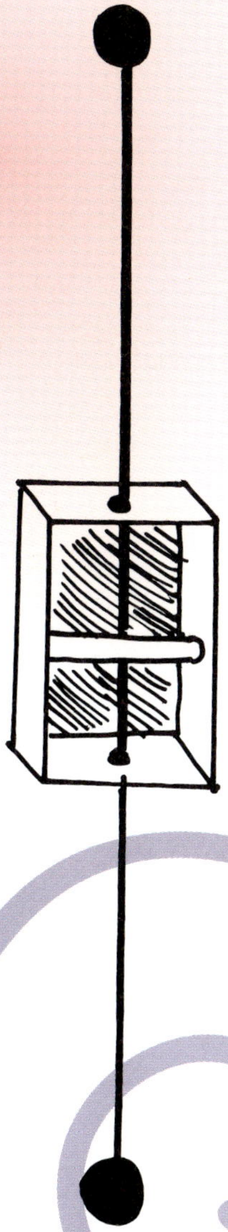

Vorbereitung

Bohre durch die Schmalseiten der Schublade je ein Loch, führe die Kordel hindurch und befestige an den Kordelenden jeweils eine kleine Perle. Danach setzt du das Rundholzstäbchen ein, es muss genau passen, damit die Hülse der Schachtel etwas stramm über die Lade geschoben werden kann. (Siehe Abb.)
Nun kannst du die Streichholzschachtel mit Tonpapier (5,3 cm x 9,8 cm) bekleben und mit Sternen verzieren.

Vorführung

Fasse die Kordel an den beiden Perlen an und lasse die Streichholzschachtel durch leichtes Anheben deiner Hand abwechselnd von einer Seite zur anderen gleiten. Die Kordel ist dabei nur leicht gespannt.
Danach hältst du die Kordel senkrecht. Dabei gleitet die Streichholzschachtel herab. Sobald sie die Fingerspitzen der unteren Hand berührt, spannst du die Kordel etwas kräftiger und ohne die Spannung zu lockern bringst du die Hand mit der Streichholzschachtel nach oben. Solange die Kordel gespannt ist, kann die Streichholzschachtel nicht mehr nach unten gleiten. Sobald du aber die Spannung der Kordel verringerst, gleitet die Streichholzschachtel wieder herab. Du kannst die Schachtel auf dem Weg nach unten jederzeit anhalten, indem du „Stop“ sagst und gleichzeitig die Kordel anspannst. Dies sieht sehr überraschend aus, wenn jeweils bei dem Kommando „Stop“ die Streichholzschachtel auf der Kordel anhält. Lustig ist es, wenn das Kommando „Stop“ von einem Zuschauer gegeben wird. Du kannst den Effekt mit dem Kommando „Go“ noch steigern. Dann löst du die Spannung wieder und die Streichholzschachtel gleitet daraufhin wieder herab.

Bremer Stadtmusikanten

… du kannst Gedanken lesen …

Effekt

Vier Spielkarten mit den Abbildungen der Bremer Stadtmusikanten werden von einem Zuschauer gemischt. Danach nimmst du die Karten entgegen und bildest einen Fächer. Der Zuschauer zieht aus dem Fächer eine Karte und merkt sich diese. Er steckt seine Karte zurück in den Fächer, mischt die Karten und gibt sie dir zurück. Sofort kannst du sagen, welches Tier der vier Stadtmusikanten er gezogen hat.

… die Karte hast du gewählt …

Material

- 4 Spielkarten
- Tonpapier, A4: weiß
- Buntstifte
- Filzstift: schwarz
- Transparentpapier

Geräte

- Bleistift, weich und hart
- Schere
- Klebstoff

Vorbereitung

Übertrage die Tierfiguren mit Transparentpapier auf weißes Papier (siehe Seite 14), male sie aus und beklebe damit die Kartenblätter.

Vorführung

Zeige den Zuschauern die vier Stadtmusikanten und lasse einen Zuschauer die Karten mischen. Nimm die gemischten Spielkarten, bilde einen Fächer, wobei die Bildseiten nach unten zeigen. (Abb. 1)

1.

Nachdem der Zuschauer eine Karte gezogen und sich diese gemerkt hat, schiebst du die restlichen drei zusammen. Das machst du mit einer Bewegung von vorn links nach hinten rechts, wodurch die Karten umgedreht werden. Die vorher noch vordere Schmalseite wird zur hinteren. Nun steckt der Zuschauer seine Karte zurück. Er darf das Päckchen selbst noch einmal mischen. Wenn du die Karten mit der Bildseite zu dir hin auffächerst, wirst du sofort sehen, welche Karte falsch eingesteckt wurde. Diese Karte ist die gemerkte. (Abb. 2)

2.

Zu dem Trick kannst du einen der folgenden Hardy-Reime sprechen.

HARDY

Eine Karte hast du nun gezogen,
es war der Esel und das ist nicht gelogen.

Ich täusch´ mich nicht und meine,
es war der Hund und ohne Leine.

Jetzt, du darfst mir glauben,
es war die Katze mit den grünen Augen.

Den Hahn hattest du in deiner Hand,
ich hab´s gewusst und drum genannt.

Bremer Stadtmusikanten

Dieser Trick kann sofort wiederholt werden, ohne dass du etwas an den Karten verändern musst. Entweder liegt beim zweiten Mal eine weitere Karte falsch herum, dann ist das die ausgewählte oder es liegen wieder alle in der gleichen Richtung, dann hat der Zuschauer noch einmal dieselbe Karte ausgewählt.

Die indische Gebetsmühle

… einfach verblüffend …

Effekt

Zeige deinem Publikum die indische Gebetsmühle und erzähle, dass du in Indien einen alten Mann gesehen hast, der mit dieser Gebetsmühle betete. Aus der Gebetsmühle hingen eine rote und eine weiße Schnur, die gleich lang waren. Immer wenn der alte Mann eine Schnur nach oben und wieder nach unten zog, hatte er ein Gebet verrichtet. Plötzlich wurde er unruhig, murmelte vor sich hin und schaute kopfschüttelnd auf die Gebetsmühle. Er hatte eben an der roten Schnur gezogen und siehe da, plötzlich war sie länger als die weiße. Nun versuchte er es mit der weißen. Da war auf einmal diese länger als die rote. Verwundert holte er beide Schnüre aus der Gebetsmühle heraus und stellte fest, dass sie immer noch gleich lang waren.

… die Schnur wächst …

Material

- Pappröhre (Klarsicht- oder Alufolie), ca. 21 cm lang
- 2 Holzperlen, ø 1,5 cm: rot
- Draht, dick, 30 cm lang
- Kordel, 60 cm lang: rot, weiß
- Tonpapier, A4: schwarz
- Hologrammfolie, Rest
- Klebstoff

Geräte

- Schere
- Cutter oder Brotmesser mit Schneideunterlage
- Bleistift

Die indische Gebetsmühle

Vorbereitung

Deine Pappröhre sollte ca. 21 cm lang sein, ggf. kürzt du sie auf diese Länge. Das geht gut mit einem Cutter oder einem Brotmesser auf einer geeigneten Schneideunterlage, bitte aber deine Eltern, dir dabei zu helfen. Jeweils 1,5 cm von dem Ende entfernt durchbohrst du die Pappröhre mit einem spitzen Gegenstand; 8 mm Durchmesser sollte jedes der vier Löcher haben, so dass der untere Knoten der Kordel später durchpasst. Beklebe die Pappröhre, wie du magst: mit Tonpapier und Hologrammfolie-Sternen oder bunten Mustern.

In jeweils ein Ende der Kordel machst du einen Knoten und drehst unterhalb des Knotens die Schnüre zu einer Quaste auf.

Auf das andere Ende fädelst du die Perlen und machst auch hier einen Knoten, damit die Perlen nicht mehr herausrutschen können.

Jetzt fädelst du die weiße Kordel durch die rechte obere Lochöffnung. Ziehe sie mit dem Draht, den du vorn leicht umgebogen hast, durch die Röhre und dann das Reststück wieder zurück. Die Schnur darf nicht verdreht in der Röhre liegen. (Abb. 1)

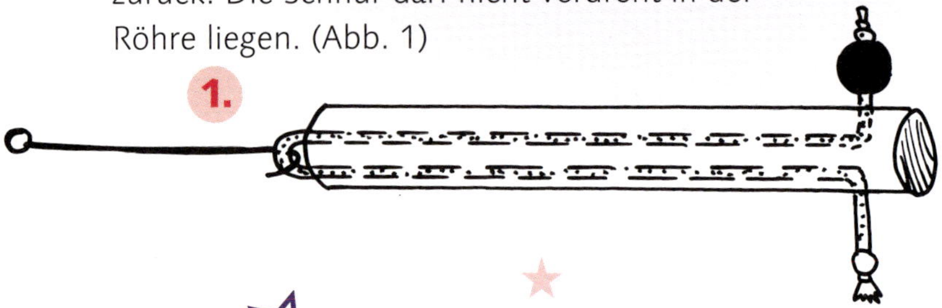

1.

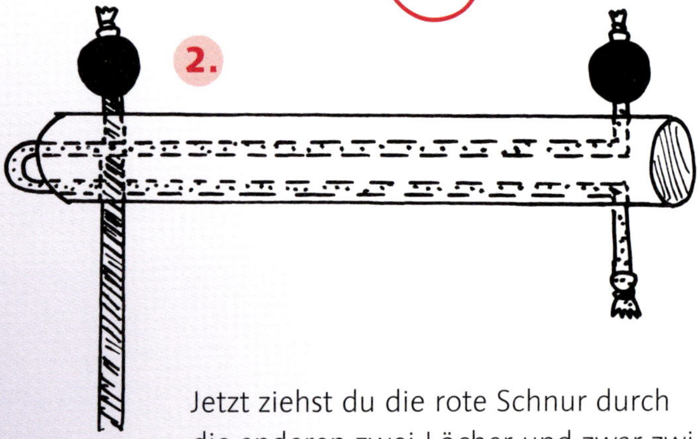

2.

Jetzt ziehst du die rote Schnur durch die anderen zwei Löcher und zwar zwischen den weißen Strängen hindurch. (Abb. 2)

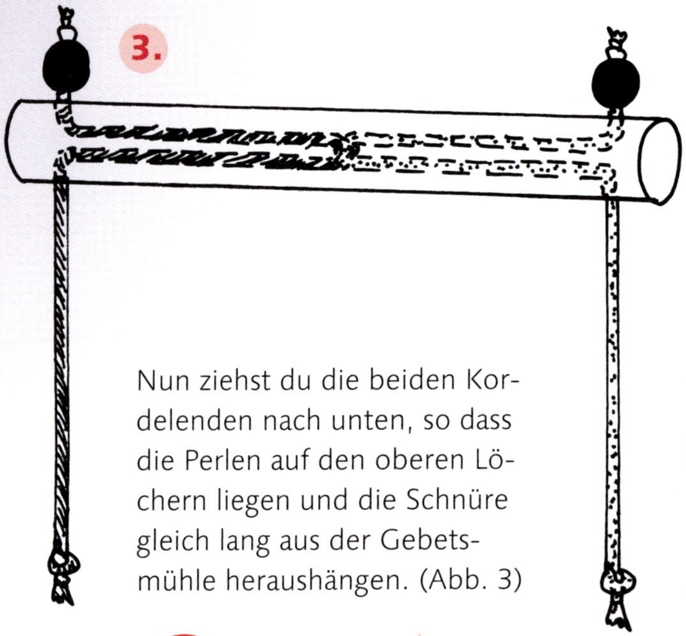

3.

Nun ziehst du die beiden Kordelenden nach unten, so dass die Perlen auf den oberen Löchern liegen und die Schnüre gleich lang aus der Gebetsmühle heraushängen. (Abb. 3)

Vorführung

Halte das Rohr mit deiner linken Hand waagerecht am linke Ende, so dass die Perlen oben liegen. Um vorzuführen, wie der alte Inder seine Gebete macht, drückst du mit dem linken Daumen am linken Loch von unten gegen die weiße Kordel, während du mit der rechten Hand die rote Kordel nach oben und wieder zurück ziehst. Das gleiche machst du mit der rechten Hand, nur dass du hier die weiße Kordel hoch und wieder herunter ziehst, während du mit dem Daumen die rote Kordel festhältst.
Wenn du aber die Schnur nach oben ziehst, die du gerade am unteren Loch mit dem Daumen festhältst, dann wird die Schnur bedeutend länger und die andere wesentlich kürzer. Dasselbe machst du mit der anderen Schnur.
Du kannst den Trick beliebig oft wiederholen. Zum Schluss ziehst du beide Kordeln ganz heraus und zeigst den Zuschauern, dass sie in Wirklichkeit gleich lang sind.

... nein, das war ein Trick ...

Inhalt

Danksagung

Ein großes Dankeschön an meine tollen Zauberschüler!

Luis

Janik

Elina-Indira

Bianca

Anton

Lorenz